Gesegnet wirst du sein

Gesegnet wirst du sein

Geschichten vom Segen und Segensworte aus der Bibel

Herausgegeben von Susanne Jasch

Deutsche Bibelgesellschaft

ISBN 3-438-04431-5

Bibeltext:
Die Bibel in heutigem Deutsch 1982;
Lutherbibel, revidierte Fassung 1984

Titelbild: AQUA ART Verlag, Reutlingen
Bilder im Innenteil:
Ruth L. Aebi, Gstaad: 41, 43
Bildagentur Mauritius, Mittenwald: 9 (F. Gierth), 11 (Albinger),
13 (Westlight), 19 (Mallaun), 22 (Fink),
24 (Reinhard), 29 (fm), 31 (Manus), 35 (Elsen),
37 (Rossenbach), 39 (Thonig), 49 (Mio), 52 (Ligges)
Peter Nicola, Holz: 45

Gestaltung: Klaus Dempel
Satz: Maier Fotosatz, Aichtal
Printed in Germany

Inhalt

Zur Einführung

Segen geht von Gott aus

»Segnen, das heißt die Hand auf etwas legen und sagen: Du gehörst trotz allem Gott« (Dietrich Bonhoeffer).

Segen geht von Gott aus. Von Anfang an. Mit seinem Segen wendet sich der Schöpfer seinen Geschöpfen zu. Der Segen Gottes schenkt Kraft und Leben, Fruchtbarkeit und Gedeihen für Mensch und Tier.

Mit der Erwählung des Stammvaters Abraham beginnt eine besondere Segensgeschichte Gottes mit einem Volk. Der Segen wird zum festen Bestandteil der Geschichte Gottes mit diesem Volk. Er ist die besondere Zuwendung, die es erfährt, und das Gute, das es empfängt. Der segnende Gott begleitet es in guten und bösen Tagen. Oft ist der Segen nur zu ahnen, zu erhoffen, zu glauben. Er bleibt verborgen, geheimnisvoll im Dunkeln. Dann wieder bricht er hervor, wird sichtbar und spürbar.

Im Neuen Testament wird deutlich, daß der Segen Abrahams durch Jesus Christus allen gilt, die an Gott glauben. Das segnende Handeln Gottes wird verbunden mit seinem rettenden Handeln. Es ist derselbe Gott, der durch seinen Sohn die Menschen rettet und der sie segnet. Beides geschieht im Verborgenen: die Rettungstat am Kreuz Christi, der Segen gerade auch im Leid und in schweren Zeiten.

Den Segen Gottes weitergeben

»Wer aber selbst gesegnet wurde, der kann nicht mehr anders als diesen Segen weitergeben, ja er muß dort, wo er ist, ein Segen sein« (Dietrich Bonhoeffer).

In der Frühzeit Israels wurde der Segen vom Vater an den Sohn weitergegeben: vor dem Tod ging die Lebenskraft des Sterbenden auf den Nachkommen über. Beim Abschied wurde dem Reisenden der Segen als begleitender Schutz mitgegeben, der ihn vor den Gefahren unterwegs bewahren sollte.

Im alttestamentlichen Gottesdienst hatte der Segen eine hohe Stellung: das Segenshandeln Gottes bestimmte ihn und wurde am Ende vom Priester der Gemeinde mitgegeben. Es sollte auch im Leben außerhalb des Tempels weiterwirken. Bis heute geschieht es in jedem Gottesdienst, daß die Gemeinde gesegnet und ihr so das Mit-sein Gottes zugesagt wird.

In den Amtshandlungen der Kirche erfährt der einzelne Mensch den Segen: bei der Taufe, bei der Konfirmation, bei der Trauung. Gott wendet sich in diesen besonderen Situationen dem Menschen zu, tritt in Beziehung zu ihm und nimmt ihn hinein in ein Leben voller Sinn.

Jesus beauftragte seine Jünger, nicht nur das Evangelium zu predigen, sondern auch zu segnen, den Friedensgruß in die Häuser zu bringen (Matthäus 10,5-15). Segnen können und dürfen alle Gesegneten. Gelegenheiten zum Segnen gibt es viele. Das ganze Leben darf bestimmt sein vom Segen Gottes.

Segen
ist gezeigte Herzlichkeit,
geschenkte Freundlichkeit,
angebotenes Wohlwollen
und aufgeschlossenes Verstehen.

Segen
lebt immer aus lebendigem Glauben,
atmet aus wacher Hoffnung
und wird reich und schwer
aus tätiger Liebe allein.

Segen
ist Kraft aus der Höhe
und heimatet
im Geheimnis Gottes.
Er segnet uns
durch unsere kleinen und großen
Schritte zueinander.

P. Hans Wallhof

(Aus: Ferment 1/88; Pallottiner Verlag, Gossau/CH)

Gesegnet von Anfang an

Die Geschichte Gottes mit Menschen und Tieren beginnt damit, daß er die von ihm geschaffenen Lebewesen segnet. Sie sollen fruchtbar sein. Segen ist also verheißene Lebenskraft. Im Segen liegt Hoffnung und Zukunft. Das Leben wird mit Gott in Verbindung gebracht und aus Gottes Hand empfangen. Dieser Segen gilt allen. Gott stellt keine Bedingungen. Er »läßt seine Sonne aufgehen über Böse und Gute und läßt regnen über Gerechte und Ungerechte« (Matthäus 5,45).

Am Ende der Schöpfung segnet Gott den Feiertag. Dadurch bekommt dieser Tag eine besondere Kraft. Sie macht ihn für die Menschen fruchtbar. Aus der Ruhe, aus dem Innehalten an diesem Tag fließen Segen und Stärkung für Mensch und Natur.

Nach der Katastrophe der Sintflut macht Gott einen Neuanfang mit den Menschen. Er schließt einen Bund mit Noach und seiner Familie. Eine neue Segenszusage bestimmt diesen Bund.

Segen für Tiere und Menschen

Am Anfang schuf Gott Himmel und Erde.

Und Gott sprach: »Es wimmle das Wasser von lebendigem Getier, und Vögel sollen fliegen auf Erden unter der Feste des Himmels.« Und Gott schuf große Walfische und alles Getier, das da lebt und webt, davon das Wasser wimmelt, ein jedes nach seiner Art, und alle gefiederten Vögel, einen jeden nach seiner Art. Und Gott sah, daß es gut war. Und Gott segnete sie und sprach: »Seid fruchtbar und mehret euch und erfüllet das Wasser im Meer, und die Vögel sollen sich mehren auf Erden.« Da ward aus Abend und Morgen der fünfte Tag.

Und Gott sprach: »Die Erde bringe hervor lebendiges Getier, ein jedes nach seiner Art: Vieh, Gewürm und Tiere des Feldes, ein jedes nach seiner Art.« Und es geschah so. Und Gott machte die Tiere des Feldes, ein jedes nach seiner Art, und das Vieh nach seiner Art und alles Gewürm des Erdbodens nach seiner Art. Und Gott sah, daß es gut war.

Und Gott sprach: »Lasset uns Menschen machen, ein Bild, das uns gleich sei, die da herrschen über die Fische im Meer und über die Vögel unter dem Himmel und über das Vieh und über alle Tiere des Feldes und über alles Gewürm, das auf Erden kriecht.« Und Gott schuf den Menschen zu seinem Bilde, zum Bilde Gottes schuf er ihn; und schuf sie als Mann und Weib. Und Gott segnete sie und sprach zu ihnen: »Seid fruchtbar und mehret euch und füllet die Erde und machet sie euch untertan und herrschet über die Fische im Meer und über die Vögel unter dem Himmel und über das Vieh und über alles Getier, das auf Erden kriecht.«

Und Gott sah an alles, was er gemacht hatte, und siehe, es war sehr gut. Da ward aus Abend und Morgen der sechste Tag.

1.Mose/Genesis 1,1.20–31; gekürzt

»Und Gott machte die Tiere des Feldes, ein jedes nach seiner Art, und das Vieh nach seiner Art und alles Gewürm des Erdbodens nach seiner Art. Und Gott sah, daß es gut war.« (1.Mose/Genesis 1,25)

Segen für den Feiertag

So wurden vollendet Himmel und Erde mit ihrem ganzen Heer. Und so vollendete Gott am siebenten Tage seine Werke, die er machte, und ruhte am siebenten Tage von allen seinen Werken, die er gemacht hatte. Und Gott segnete den siebenten Tag und heiligte ihn, weil er an ihm ruhte von allen seinen Werken, die Gott geschaffen und gemacht hatte.
So sind Himmel und Erde geworden, als sie geschaffen wurden.

1.Mose/Genesis 2,1–4a

Neue Segenszusage

Gott segnete Noach und seine Söhne und sagte zu ihnen: »Vermehrt euch und bevölkert die Erde! Ich schließe meinen Bund mit euch und euren Nachkommen und mit allen Tieren, die bei euch im Schiff waren und künftig auf der Erde leben werden. Ich verspreche euch: Ich will das Leben nicht ein zweites Mal vernichten. Die Flut soll nicht noch einmal über die Erde hereinbrechen. Diese Zusage, die ich euch und allen lebenden Wesen mache, soll für alle Zeiten gelten.
Als Zeichen dafür setze ich meinen Bogen in die Wolken. Dieser Bogen«, sagte Gott zu Noach, »ist das Zeichen für den Bund, den ich jetzt mit allen lebenden Wesen schließe.«

1.Mose/Genesis 9,1.9–17; gekürzt

»Dieser Bogen ist das Zeichen für den Bund, den ich jetzt mit allen lebenden Wesen schließe.« (1.Mose/Genesis 9,17)

Abraham – ein Segen für viele

Der Stammvater Abraham nimmt eine besondere Stellung in der Segensgeschichte Gottes mit der Menschheit ein. Bei seiner Berufung wird er gesegnet. Wieder ist es zunächst die Lebenskraft, die vom Segen ausgeht. Abraham soll zum großen Volk werden. Auf die Erfüllung dieser Segensverheißung muß Abraham lange warten. Der Segen bleibt im Verborgenen. Abrahams Glaube wird auf manche Probe gestellt.

Der Segen für Abraham reicht weit über seine Person hinaus. Mit ihm und durch ihn werden seine Nachkommen gesegnet, das verheißene große Volk. Das Wirken Gottes kommt aber auch damit noch nicht an seine Grenze. Sein Ziel ist der Segen für alle Geschlechter der Erde.

Paulus spricht es im Neuen Testament der Gemeinde in Galatien zu: Durch den Glauben an Jesus Christus habt ihr Anteil am Segen Abrahams. Auch euch gelten Gottes gute Verheißungen, auch euch gilt sein Bund.

Abraham, der Gesegnete Gottes

Der Herr sprach zu Abraham: »Geh aus deinem Vaterland und von deiner Verwandtschaft und aus deines Vaters Hause in ein Land, das ich dir zeigen will. Und ich will dich zum großen Volk machen und will dich segnen und dir einen großen Namen machen, und du sollst ein Segen sein. Ich will segnen, die dich segnen, und verfluchen, die dich verfluchen; und in dir sollen gesegnet werden alle Geschlechter auf Erden.«

1.Mose/Genesis 12,1–3

Vertrauen auf den segnenden Gott

Nach diesen Geschichten begab sich's, daß zu Abraham das Wort des Herrn kam in einer Offenbarung: »Fürchte dich nicht, Abraham! Ich bin dein Schild und dein sehr großer Lohn.«

Abraham sprach aber: »Herr, mein Gott, was willst du mir geben? Ich gehe dahin ohne Kinder, und mein Knecht Eliëser von Damaskus wird mein Haus besitzen.« Und Abraham sprach weiter: »Mir hast du keine Nachkommen gegeben; und siehe, einer von meinen Knechten wird mein Erbe sein.«

Und siehe, der Herr sprach zu ihm: »Er soll nicht dein Erbe sein, sondern der von deinem Leibe kommen wird, der soll dein Erbe sein.«

Und er hieß ihn hinausgehen und sprach: »Sieh gen Himmel und zähle die Sterne; kannst du sie zählen?« Und sprach zu ihm: »So zahlreich sollen deine Nachkommen sein!«

Abraham glaubte dem Herrn, und das rechnete er ihm zur Gerechtigkeit.

1.Mose/Genesis 15,1–6

»Sieh gen Himmel und zähle die Sterne; kannst du sie zählen? So zahlreich sollen deine Nachkommen sein!« (1.Mose/Genesis 15,5)

Zusammen mit Abraham gesegnet

Wie war es denn bei Abraham? »Er vertraute auf die Zusage Gottes, und so fand er Gottes Anerkennung.« Ihr seht also, wer die echten Nachkommen Abrahams sind. Es sind die Menschen, die sich auf Gottes Zusage verlassen. Weil die heiligen Schriften vorausgesehen haben, daß Gott die fremden Völker aufgrund ihres Vertrauens annehmen werde, verkünden sie Abraham im voraus die Gute Nachricht: »Durch dich werden alle Völker der Erde gesegnet werden.« Daraus folgt: Alle, die Gott ebenso vertrauen wie Abraham, werden zusammen mit Abraham gesegnet.

Wer dagegen durch Erfüllung des Gesetzes bei Gott Anerkennung zu finden sucht, lebt unter einem Fluch. Denn es heißt: »Fluch über jeden, der nicht alle Bestimmungen dieses Gesetzes genau befolgt!« Es ist aber unmöglich, daß jemand das Gesetz befolgen und dadurch vor Gott bestehen kann; denn es heißt ja auch: »Wer Gott vertraut, kann vor ihm bestehen und wird leben.« Beim Gesetz jedoch geht es nicht um das Vertrauen; denn von ihm gilt: Wer seine Vorschriften befolgt, der wird leben.«

Christus hat uns von dem Fluch losgekauft, unter dem unser Leben stand, solange das Gesetz in Kraft war. Denn er hat an unserer Stelle den Fluch auf sich genommen. »Wer am Holz hängt, ist von Gott verflucht«, heißt es im Gesetz. So kam durch ihn der Segen, der Abraham zugesagt wurde, zu allen Völkern. Denn alle, die sich auf Jesus Christus verlassen, sollen den Geist erhalten, den Gott versprochen hat.

Galater 3,6–14

Jakob und Esau – eine Geschichte vom Segen

Für die Erzählung von den Zwillingsbrüdern Jakob und Esau hat der Segen eine beherrschende Bedeutung. Schon vor der Geburt beginnt die Rivalität um den einen Segen, der vom Vater an den ältesten Sohn weitergegeben wird. Jakob, der Zweitgeborene, erschleicht sich Erstgeburtsrecht und Segen. Der Zorn des betrogenen Esau zwingt Jakob zur Flucht. Mit einem Reisesegen seines Vaters macht er sich auf den Weg in die Fremde und erfährt im Traum, daß Gott ihn, den Gesegneten, nicht verlassen wird.

In der Fremde, bei seinem Onkel Laban, erlebt Jakob Auswirkungen der Segenskraft. Er heiratet Labans Töchter Lea und Rahel und bekommt zahlreiche Nachkommen. Auch kann er reichen Viehbesitz erwerben (1.Mose/Genesis 29–31).

Schließlich kehrt Jakob wieder in seine Heimat zurück. In einer erneuten Begegnung mit Gott erringt er im Kampf einen Segen. Seinem Bruder Esau gibt er Anteil an der Fülle der ihm zugeflossenen Segensgaben. Als Gesegneter Gottes lebt er im verheißenen Land.

Rivalen von Anfang an

Dies ist das Geschlecht Isaaks, des Sohnes Abrahams: Abraham zeugte Isaak. Isaak aber war vierzig Jahre alt, als er Rebekka zur Frau nahm, die Tochter Betuëls, des Aramäers aus Mesopotamien, die Schwester des Aramäers Laban.

Isaak aber bat den Herrn für seine Frau, denn sie war unfruchtbar. Und der Herr ließ sich erbitten, und Rebekka, seine Frau, ward schwanger. Und die Kinder stießen sich miteinander in ihrem Leib. Da sprach sie: »Wenn mir's so gehen soll, warum bin ich schwanger geworden?« Und sie ging hin, den Herrn zu befragen.

Und der Herr sprach zu ihr: »Zwei Völker sind in deinem Leibe, und zweierlei Volk wird sich scheiden aus deinem Leibe; und ein Volk wird dem anderen überlegen sein, und der Ältere wird dem Jüngeren dienen.« Als nun die Zeit kam, daß sie gebären sollte, siehe, da waren Zwillinge in ihrem Leibe. Der erste, der herauskam, war rötlich, ganz rauh wie ein Fell, und sie nannten ihn Esau. Danach kam heraus sein Bruder, der hielt mit seiner Hand die Ferse des Esau, und sie nannten ihn Jakob. Sechzig Jahre alt war Isaak, als sie geboren wurden.

Und als nun die Knaben groß wurden, wurde Esau ein Jäger und streifte auf dem Felde umher, Jakob aber ein gesitteter Mann und blieb bei den Zelten. Und Isaak hatte Esau lieb und aß gern von seinem Wildbret; Rebekka aber hatte Jakob lieb.

Und Jakob kochte ein Gericht. Da kam Esau vom Feld und war müde und sprach zu Jakob: »Laß mich essen das rote Gericht; denn ich bin müde.« Daher heißt er Edom. Aber Jakob sprach: »Verkaufe mir heute deine Erstgeburt.« Esau antwortete: »Siehe, ich muß doch sterben; was soll mir da die Erstgeburt?« Jakob sprach: »So schwöre mir zuvor.« Und er schwor ihm und verkaufte so Jakob seine Erstgeburt. Da gab ihm

Jakob Brot und das Linsengericht, und er aß und trank und stand auf und ging davon. So verachtete Esau seine Erstgeburt.

1.Mose/Genesis 25,19–34

Der alte Vater will seinen Sohn segnen

Und es begab sich, als Isaak alt geworden war und seine Augen zu schwach zum Sehen wurden, rief er Esau, seinen älteren Sohn, und sprach zu ihm: »Mein Sohn!« Er aber antwortete ihm: »Hier bin ich.« Und er sprach: »Siehe, ich bin alt geworden und weiß nicht, wann ich sterben werde. So nimm nun dein Gerät, Köcher und Bogen, und geh aufs Feld und jage mir ein Wildbret und mach mir ein Essen, wie ich's gern habe, und bring mir's herein, daß ich esse, auf daß dich meine Seele segne, ehe ich sterbe.«

Rebekka aber hörte diese Worte, die Isaak zu seinem Sohn Esau sagte. Und Esau ging hin aufs Feld, daß er ein Wildbret jagte und heimbrächte.

1.Mose/Genesis 27,1–5

Jakob erlistet sich den Segen

Da sprach Rebekka zu Jakob, ihrem Sohn: »Siehe, ich habe deinen Vater mit Esau, deinem Bruder, reden hören: ›Bringe mir ein Wildbret und mach mir ein Essen, daß ich esse und dich segne vor dem Herrn, ehe ich sterbe.‹ So höre nun, mein Sohn, auf mich und tu, was ich dich heiße. Geh hin zu der Herde und hole mir zwei gute Böcklein, daß ich deinem Vater ein Essen davon mache, wie er's gerne hat. Das sollst du deinem Vater hineintragen, daß er esse, auf daß er dich segne vor seinem Tod.«

Jakob aber sprach zu seiner Mutter Rebekka: »Siehe, mein Bruder Esau ist rauh, doch ich bin glatt; so könnte vielleicht mein Vater mich betasten, und ich würde vor ihm dastehen, als ob ich ihn betrügen wollte, und brächte über mich einen Fluch und nicht einen Segen.« Da sprach seine Mutter zu ihm: »Der Fluch sei auf mir, mein Sohn; gehorche nur meinen Worten, geh und hole mir.«

Da ging er hin und holte und brachte es seiner Mutter. Da machte seine Mutter ein Essen, wie es sein Vater gerne hatte, und nahm Esaus, ihres älteren Sohnes, Feierkleider, die sie bei sich im Hause hatte, und zog sie Jakob an, ihrem jüngeren Sohn. Aber die Felle von den Böcklein tat sie ihm um seine Hände und wo er glatt war am Halse. Und so gab sie das Essen mit dem Brot, wie sie es gemacht hatte, in die Hand ihres Sohnes Jakob.

Und er ging hinein zu seinem Vater und sprach: »Mein Vater!« Er antwortete: »Hier bin ich. Wer bist du, mein Sohn?« Jakob sprach zu seinem Vater: »Ich bin Esau, dein erstgeborener Sohn; ich habe getan, wie du mir gesagt hast. Komm nun, setze dich und iß von meinem Wildbret, auf daß mich deine Seele segne.« Isaak aber sprach zu seinem Sohn: »Wie hast du so bald gefunden, mein Sohn?« Er antwortete: »Der Herr, dein Gott, bescherte mir's.«

Da sprach Isaak zu Jakob: »Tritt herzu, mein Sohn, daß ich dich betaste, ob du mein Sohn Esau bist oder nicht.« So trat Jakob zu seinem Vater Isaak. Und als er ihn betastet hatte, sprach er : »Die Stimme ist Jakobs Stimme, aber die Hände sind Esaus Hände.« Und er erkannte ihn nicht; denn seine Hände waren rauh wie Esaus, seines Bruders, Hände.

Und er segnete ihn und sprach: »Bist du mein Sohn Esau?« Er antwortete: »Ja, ich bin's.« Da sprach er: »So bringe mir her, mein Sohn, zu essen von deinem Wildbret, daß dich meine Seele segne.« Da brachte er's ihm, und er aß; und er trug ihm auch Wein hinein, und er trank.

Und Isaak, sein Vater, sprach zu ihm: »Komm her und küsse mich, mein Sohn!« Er trat hinzu und küßte ihn. Da roch er den Geruch seiner Kleider und segnete ihn und sprach: »Siehe, der Geruch meines Sohnes ist wie der Geruch des Feldes, das der Herr gesegnet hat. Gott gebe dir vom Tau des Himmels und von der Fettigkeit der Erde und Korn und Wein die Fülle. Völker sollen dir dienen, und Stämme sollen dir zu Füßen fallen. Sei ein Herr über deine Brüder, und deiner Mutter Söhne sollen dir zu Füßen fallen. Verflucht sei, wer dir flucht; gesegnet sei, wer dich segnet!«

1.Mose/Genesis 27,6–29

Der Segen, der für Esau übrigbleibt

Als nun Isaak den Segen über Jakob vollendet hatte und Jakob kaum hinausgegangen war von seinem Vater Isaak, da kam Esau, sein Bruder, von seiner Jagd und machte auch ein Essen und trug's hinein zu seinem Vater und sprach zu ihm: »Richte dich auf, mein Vater, und iß von dem Wildbret deines Sohnes, daß mich deine Seele segne.« Da antwortete ihm Isaak, sein Vater: »Wer bist du?« Er sprach: »Ich bin Esau, dein erstgeborener Sohn.« Da entsetzte sich Isaak über die Maßen sehr und sprach: »Wer? Wo ist denn der Jäger, der mir gebracht hat, und ich habe von allem gegessen, ehe du kamst, und hab ihn gesegnet? Er wird auch gesegnet bleiben.«

Als Esau diese Worte seines Vater hörte, schrie er laut und wurde über die Maßen sehr betrübt und sprach zu seinem Vater: »Segne mich auch, mein Vater!« Er aber sprach: »Dein Bruder ist gekommen mit List und hat deinen Segen weggenommen.« Da sprach er: »Er heißt mit Recht Jakob, denn er hat mich nun zweimal überlistet. Meine Erstgeburt hat er genommen, und siehe, nun nimmt er auch meinen Segen.« Und er sprach: »Hast du mir denn keinen Segen vorbehalten?«

Isaak antwortete und sprach zu ihm: »Ich habe ihn zum Herrn über dich gesetzt, und alle seine Brüder hab ich ihm zu Knechten gemacht, mit Korn und Wein hab ich ihn versehen; was soll ich nun dir noch tun, mein Sohn?« Esau sprach zu seinem Vater: »Hast du denn nur einen Segen, mein Vater? Segne mich auch, mein Vater!« Und er erhob seine Stimme und weinte.

Da antwortete Isaak, sein Vater, und sprach zu ihm: »Siehe, du wirst wohnen ohne Fettigkeit der Erde und ohne Tau des Himmels von oben her. Von deinem Schwerte wirst du dich nähren, und deinem Bruder sollst du dienen. Aber es wird geschehen, daß du einmal sein Joch von deinem Halse reißen wirst.«

1.Mose/Genesis 27,30–40

Jakob zieht in die Fremde

Und Esau war Jakob gram um des Segens willen, mit dem ihn sein Vater gesegnet hatte, und sprach in seinem Herzen: »Es wird die Zeit bald kommen, daß man um meinen Vater Leid tragen muß; dann will ich meinen Bruder Jakob umbringen.« Da wurden Rebekka angesagt diese Worte ihres älteren Sohnes Esau. Und sie schickte hin und ließ Jakob, ihren jüngeren Sohn, rufen und sprach zu ihm: »Siehe, dein Bruder Esau droht dir, daß er dich umbringen will. Und nun höre auf mich, mein Sohn: Mach dich auf und flieh zu meinem Bruder Laban nach Haran und bleib eine Weile bei ihm, bis sich der Grimm deines Bruders legt und bis sein Zorn wider dich sich von dir wendet und er vergißt, was du ihm getan hast; dann will ich schicken und dich von dort holen lassen. Warum sollte ich euer beider beraubt werden auf *einen* Tag?«

Und Rebekka sprach zu Isaak: »Mich verdrießt zu leben, wegen der Hetiterinnen, (die Esau zur Frau genommen hat). Wenn Jakob eine Frau nimmt von den Hetiterinnen wie diese, eine von den Töchtern des Landes, was soll mir das Leben?« Da rief Isaak seinen Sohn Jakob und segnete ihn und gebot ihm und sprach zu ihm: »Nimm dir nicht eine Frau von den Töchtern Kanaans, sondern mach dich auf und zieh nach Mesopotamien zum Hause Betuëls, des Vaters deiner Mutter, und nimm dir dort eine Frau von den Töchtern Labans, des Bruders deiner Mutter. Und der allmächtige Gott segne dich und mache dich fruchtbar und mehre dich, daß du werdest ein Haufe von Völkern, und gebe dir den Segen Abrahams, dir und deinen Nachkommen mit dir, daß du besitzest das Land, darin du jetzt ein Fremdling bist, das Gott dem Abraham gegeben hat.« So entließ Isaak den Jakob, daß er nach Mesopotamien zog zu Laban, dem Sohn des Aramäers Betuël, dem Bruder Rebekkas, Jakobs und Esaus Mutter.

1.Mose/Genesis 27,41–28,5

Gottes Segen auf der Reise

Aber Jakob zog aus von Beerscheba und machte sich auf den Weg nach Haran und kam an eine Stätte, da blieb er über Nacht, denn die Sonne war untergegangen. Und er nahm einen Stein von der Stätte und legte ihn zu seinen Häupten und legte sich an der Stätte schlafen. Und ihm träumte, und siehe, eine Leiter stand auf Erden, die rührte mit der Spitze an den Himmel, und siehe, die Engel Gottes stiegen daran auf und nieder. Und der Herr stand oben darauf und sprach: »Ich bin der Herr, der Gott deines Vaters Abraham, und Isaaks Gott; das Land, darauf du liegst, will ich dir und deinen Nachkommen geben. Und dein Geschlecht soll werden wie der Staub auf Erden, und du sollst ausgebreitet werden gegen Westen und Osten, Norden und Süden, und durch dich und deine Nachkommen sollen alle Geschlechter auf Erden gesegnet werden. Und siehe, ich bin mit dir und will dich behüten, wo du hinziehst, und will dich wieder herbringen in dies Land. Denn ich will dich nicht verlassen, bis ich alles tue, was ich dir zugesagt habe.«

Als nun Jakob von seinem Schlaf aufwachte, sprach er: »Fürwahr, der Herr ist an dieser Stätte, und ich wußte es nicht!« Und er fürchtete sich und sprach: »Wie heilig ist diese Stätte! Hier ist nichts anderes als Gottes Haus, und hier ist die Pforte des Himmels.« Und Jakob stand früh am Morgen auf und nahm den Stein, den er zu seinen Häupten gelegt hatte, und richtete ihn auf zu einem Steinmal und goß Öl oben darauf und nannte die Stätte Bethel; vorher aber hieß die Stadt Lus.

Und Jakob tat ein Gelübde und sprach: »Wird Gott mit mir sein und mich behüten auf dem Wege, den ich reise, und mir Brot zu essen geben und Kleider anzuziehen und mich mit Frieden wieder heim zu meinem Vater bringen, so soll der Herr mein Gott sein. Und dieser Stein, den ich aufgerichtet habe zu einem Steinmal, soll ein Gotteshaus werden; und von allem, was du mir gibst, will ich dir den Zehnten geben.«

1.Mose/Genesis 28,10–22

»Und siehe, ich bin mit dir und will dich behüten, wo du hinziehst, und will dich wieder herbringen in dies Land.« (1.Mose/Genesis 28,15)

Der Weg öffne sich, um dir zu
begegnen;
der Wind wehe immer in deinem
Rücken;
die Sonne scheine warm auf dein
Gesicht;
der Regen falle sanft auf deine Felder.
Und bis wir uns wiedersehn,
halte Gott dich fest im Schutze seiner
Hand.

Irischer Reisesegen

Die Heimkehr des Gesegneten

(Nachdem Jakob lange Jahre bei seinem Onkel Laban gelebt hatte, kehrte er nach Hause zurück.) Jakob schickte Boten vor sich her zu seinem Bruder Esau ins Land Seïr, in das Gebiet von Edom, und befahl ihnen und sprach: »So sprecht zu Esau, meinem Herrn: ›Dein Knecht Jakob läßt dir sagen: Ich bin bisher bei Laban lange in der Fremde gewesen und habe Rinder und Esel, Schafe, Knechte und Mägde, und habe ausgesandt, es dir, meinem Herrn, anzusagen, damit ich Gnade vor deinen Augen fände.‹«

Die Boten kamen zu Jakob zurück und sprachen: »Wir kamen zu deinem Bruder Esau, und er zieht dir auch entgegen mit vierhundert Mann.« Da fürchtete sich Jakob sehr, und ihm wurde bange. Und er teilte das Volk, das bei ihm war, und die Schafe und die Rinder und die Kamele in zwei Lager und sprach: »Wenn Esau über das eine Lager kommt und macht es nieder, so wird das andere entrinnen.«

Weiter sprach Jakob: »Gott meines Vaters Abraham und Gott meines Vaters Isaak, der du zu mir gesagt hast: ›Zieh wieder in dein Land und zu deiner Verwandtschaft, ich will dir wohltun‹ –, Herr, ich bin zu gering aller Barmherzigkeit und aller Treue, die du an deinem Knechte getan hast; denn ich hatte nicht mehr als diesen Stab, als ich hier über den Jordan ging, und nun sind aus mir zwei Lager geworden. Errette mich von der Hand meines Bruders, von der Hand Esaus; denn ich fürchte mich vor ihm, daß er komme und schlage mich, die Mütter samt den Kindern. Du hast gesagt: ›Ich will dir wohltun und deine Nachkommen machen wie den Sand am Meer, den man der Menge wegen nicht zählen kann.‹«

Und er blieb die Nacht da und nahm von dem, was er erworben hatte, ein Geschenk für seinen Bruder Esau: zweihundert Ziegen, zwanzig Böcke, zweihundert Schafe, zwanzig Widder und dreißig säugende Kamele mit ihren Füllen, vierzig Kühe und zehn junge Stiere, zwanzig Eselinnen und zehn Esel, und tat sie unter die Hand seiner Knechte, je eine Herde besonders, und sprach zu ihnen: »Geht vor mir her und laßt Raum zwischen einer Herde und der anderen.« Und er gebot dem ersten und sprach: »Wenn dir mein Bruder Esau begegnet und dich fragt: ›Wem gehörst du an und wo willst du hin und wessen Eigentum ist das, was du vor dir hertreibst?‹, sollst du sagen: ›Es gehört deinem Knechte Jakob, der sendet es als Geschenk seinem Herrn Esau und zieht hinter uns her.‹ Ebenso gebot er auch dem zweiten und dem dritten und allen, die den Herden nachgingen, und sprach: »Wie ich euch gesagt habe, so saget zu Esau, wenn ihr ihm begegnet, und saget ja auch: ›Siehe, dein Knecht Jakob kommt hinter uns.‹« Denn er dachte: »Ich will ihn versöhnen mit dem Geschenk, das vor mir hergeht. Danach will ich ihn sehen; vielleicht wird er mich annehmen.« So ging das Geschenk vor ihm her; er aber blieb diese Nacht im Lager.

1. Mose/Genesis 32,4–22

Erkämpfter Segen

Und Jakob stand auf in der Nacht und nahm seine beiden Frauen und die beiden Mägde und seine elf Söhne und zog an die Furt des Jabbok, nahm sie und führte sie über das Wasser, so daß hinüberkam, was er hatte, und blieb allein zurück.

Da rang ein Mann mit ihm, bis die Morgenröte anbrach. Und als er sah, daß er ihn nicht übermochte, schlug er ihn auf das Gelenk seiner Hüfte, und das Gelenk der Hüfte Jakobs wurde über dem Ringen mit ihm verrenkt. Und er sprach: »Laß mich gehen, denn die Morgenröte bricht an.« Aber Jakob antwortete: »Ich lasse dich nicht, du segnest mich denn.« Er sprach: »Wie heißest du?« Er antwortete: »Jakob.« Er sprach: »Du sollst nicht mehr Jakob heißen, sondern Israel; denn du hast mit Gott und mit Menschen gekämpft und hast gewonnen.« Und Jakob fragte ihn und sprach: »Sage doch, wie heißest du?« Er aber sprach: »Warum fragst du, wie ich heiße?« Und er segnete ihn daselbst.

Und Jakob nannte die Stätte Pnuël; »denn«, sprach er, »ich habe Gott von Angesicht gesehen, und doch wurde mein Leben gerettet.« Und als er an Pnuël vorüberkam, ging ihm die Sonne auf; und er hinkte an seiner Hüfte.

1. Mose/Genesis 32,23–32

»Jakob zog an die Furt des Jabbok und blieb allein zurück. Da rang ein Mann mit ihm, bis die Morgenröte anbrach.« (1.Mose/ Genesis 32,23.25)

Von der Fülle des Segens weitergeben

Jakob hob seine Augen auf und sah seinen Bruder Esau kommen mit vierhundert Mann. Und er verteilte seine Kinder auf Lea und auf Rahel und auf die beiden Leibmägde und stellte die Mägde mit ihren Kindern vornean und Lea mit ihren Kindern dahinter und Rahel mit Josef zuletzt. Und er ging vor ihnen her und neigte sich siebenmal zur Erde, bis er zu seinem Bruder kam. Esau aber lief ihm entgegen und herzte ihn und fiel ihm um den Hals und küßte ihn, und sie weinten. Und Esau hob seine Augen auf und sah die Frauen mit den Kindern und sprach: »Wer sind diese bei dir?« Er antwortete: »Es sind die Kinder, die Gott deinem Knecht beschert hat.« Und die Mägde traten herzu mit ihren Kindern und neigten sich vor ihm. Lea trat auch herzu mit ihren Kindern, und sie neigten sich vor ihm. Danach traten Josef und Rahel herzu, und sie neigten sich auch vor ihm.

Und Esau sprach: »Was willst du mit all den Herden, denen ich begegnet bin?« Er antwortete: »Daß ich Gnade fände vor meinem Herrn.« Esau sprach: »Ich habe genug, mein Bruder; behalte, was du hast.« Jakob antwortete: »Ach nein! Hab ich Gnade gefunden vor dir, so nimm mein Geschenk von meiner Hand; denn ich sah dein Angesicht, als sähe ich Gottes Angesicht, und du hast mich freundlich angesehen. Nimm doch diese Segensgabe von mir an, die ich dir zugebracht habe; denn Gott hat sie mir beschert, und ich habe von allem genug.« So nötigte er ihn, daß er sie nahm.

1.Mose/Genesis 33,1–11

Gesegnetes Wohnen im Lande

Und Gott erschien Jakob abermals, nachdem er aus Mesopotamien gekommen war, und segnete ihn und sprach zu ihm: »Du heißt Jakob; aber du sollst nicht mehr Jakob heißen, sondern Israel sollst du heißen.« Und so nannte er ihn Israel. Und Gott sprach zu ihm: »Ich bin der allmächtige Gott; sei fruchtbar und mehre dich! Ein Volk und eine Menge von Völkern sollen von dir kommen, und Könige sollen von dir abstammen, und das Land, das ich Abraham und Isaak gegeben habe, will ich dir geben und will's deinem Geschlecht nach dir geben.«

Und Gott fuhr auf von ihm an der Stätte, da er mit ihm geredet hatte. Jakob aber richtete ein steinernes Mal auf an der Stätte, da er mit ihm geredet hatte, und goß Trankopfer darauf und begoß es mit Öl.

1.Mose/Genesis 35,9–14

»Nimm doch diese Segensgabe von mir an, die ich dir zugebracht habe; denn Gott hat sie mir beschert, und ich habe von allem genug.« (1.Mose/Genesis 33,11)

Segen oder Fluch?

Der Gegensatz von Segen ist Fluch. Das Verfluchen beruht wie das Segnen auf der Macht des Wortes, die den Menschen von Gott gegeben ist. Auch außerhalb Israels wußte man um diese Macht. In der Bileamsgeschichte versuchen Feinde Israels, dieses offensichtlich gesegnete Volk durch den Seher Bileam verfluchen zu lassen. Doch der Gott Israels erweist sich als Herr über Segen und Fluch. Bileam kann nicht anders: Er muß Israel segnen.

Im Neuen Testament durchbricht Jesus den alten Gegensatz von Segen und Fluch. Die Befolgung seines Gebotes, auch die Feinde zu lieben, sie zu segnen, statt sie zu verfluchen, galt zu allen Zeiten als besonderes Kennzeichen der Christen.

Bileam muß segnen

Die Israeliten zogen wieder südwärts und schlugen im moabitischen Steppengebiet, in der Jordanebene gegenüber von Jericho, ihr Lager auf. Balak, der Sohn Zippors, wußte genau, was für eine Niederlage die Israeliten seinen Nachbarn, den Amoritern, bereitet hatten. Als er und seine Leute die Menge der Israeliten sahen, erschraken sie und verloren allen Mut.

König Balak schickte Boten in die Stadt Petor am Eufrat, um Bileam, den Sohn Beors, zu Hilfe zu rufen. Er ließ ihm sagen: »Ein großes Volk bedroht mich! Sie sind aus Ägypten gekommen und haben sich hier niedergelassen; direkt an meiner Grenze haben sie ein riesiges Lager aufgeschlagen. Ich kann nicht mit ihnen fertigwerden; deshalb komm bitte und hilf mir! Wenn du einen Fluch gegen sie aussprichst, wird es mir vielleicht gelingen, sie zu besiegen und zu vertreiben. Ich weiß, was dein Wort bewirken kann. Wenn du jemand segnest, muß ihm alles glücken, und wenn du jemand verfluchst, rennt er in sein Verderben.«

Die Ältesten der Moabiter und der Midianiter gingen zu Bileam und nahmen den Lohn für seine Dienste gleich mit. Sie richteten ihm die Botschaft Balaks aus, und er antwortete ihnen: »Bleibt über Nacht hier! Morgen kann ich euch sagen, welche Anweisung mir der Herr gegeben hat.« So blieben die Anführer der Moabiter bei Bileam.

In der Nacht kam Gott zu Bileam und sagte: »Geh nicht mit ihnen! Du darfst dieses Volk nicht verfluchen, denn ich habe es gesegnet.«

Am Morgen sagte Bileam zu den Abgesandten König Balaks: »Ihr müßt allein heimkehren. Der Herr hat mir verboten, mit euch zu gehen.« Die Abgesandten kehrten zu Balak zurück und berichteten ihm von Bileams Weigerung. Da schickte Balak eine noch größere

Gesandtschaft und wählte dafür noch angesehenere Männer aus. Er ließ Bileam durch sie ausrichten: »Nichts darf dich abhalten zu kommen! Ich werde dich reich belohnen und alles tun, was du von mir verlangst. Tu mir nur den einen Gefallen und verfluche dieses Volk!«

Bileam antwortete ihnen: »Balak mag mir alles Silber und Gold geben, das er besitzt – gegen den Befehl des Herrn, meines Gottes, kann ich auch nicht den kleinsten Schritt tun. Aber bleibt auch ihr die Nacht über bei mir zu Gast. Vielleicht hat der Herr mir noch etwas zu sagen.«

In der Nacht kam Gott und sprach mit Bileam: »Geh ruhig mit ihnen; aber tu nur das, was ich dir sagen werde.«

Als Balak hörte, daß Bileam zu ihm unterwegs war, ging er ihm bis zur Grenzstadt Moabs am Arnonfluß entgegen. »Warum bist du nicht gleich gekommen?« fragte er ihn. »Ich habe doch so dringend nach dir geschickt. Meinst du vielleicht, ich könnte dich nicht angemessen belohnen?« »Jetzt bin ich ja hier!« erwiderte Bileam. »Aber ich weiß nicht, ob ich deinen Wunsch erfüllen kann. Ich kann nur sagen, was Gott mir zu sagen befiehlt.«

Am anderen Morgen ging Balak mit Bileam nach Bamot-Baal, von wo aus man den Rand des israelitischen Lagers sehen konnte. Bileam sagte zum König: »Laß sieben Altäre errichten und dann sieben Stiere und sieben Schafböcke zum Opfer bereitstellen.« Balak ließ alles nach Bileams Wunsch vorbereiten, und sie brachten auf jedem Altar einen Stier und einen Schafbock als Brandopfer dar. Dann sagte Bileam zu Balak: »Bleib du hier bei den Opfern; ich will dort hinübergehen und sehen, ob der Herr mir etwas offenbart. Ich werde dir dann sagen, was er mich schauen läßt.«

Bileam ging auf eine kleine unbewaldete Anhöhe. Dort erschien ihm der Herr. Bileam sagte zu ihm: »Ich habe dir sieben Altäre gebaut und auf jedem einen Stier und einen Schafbock als Opfer dargebracht.« Der Herr wies Bileam an, was er sagen sollte, und schickte ihn zu Balak zurück. Der König stand noch bei den Opferaltären, und auch die führenden Männer der Moabiter waren bei ihm. Da begann Bileam zu sprechen:

»Vom Osten her,
vom Aramäerland und seinen Bergen,
rief mich König Balak,
und er befahl: ›Du sollst das Jakobsvolk
mit einem schweren Fluch belegen!
Verwünschen sollst du dieses Israel!‹
Wie kann ich dieses Volk verwünschen,
wenn Gott, der Herr, es nicht
verwünschen will?
Wie soll ich es verfluchen können,
solange er nicht selbst
den Fluch ausspricht?
Hier von der Höhe aus
kann ich sie sehen,
von diesem Felsengipfel aus erkenne ich:
Sie sind ein Volk
von ganz besonderer Art,
das sich mit anderen Völkern
nicht vermischt.
Kein Mensch kann diese Jakobsleute
zählen,
wie Staub bedecken sie die Erde,
die Scharen Israels, die vielen tausend.
Sie sind ein Volk, das Gottes Willen tut.
Ich möchte, daß ich einmal so wie sie
in Gottes Frieden sterben könnte!«

Empört rief Balak: »Warum hast du mir das angetan? Ich habe dich holen lassen, damit du meine Feinde verfluchst, und nun segnest du sie!« Aber Bileam erwiderte: »Ich kann nichts anderes sagen, als was der Herr mir in den Mund legt.«

(Noch ein zweites Mal sollte Bileam das Volk Israel verfluchen, aber wieder mußte er es segnen.)

»Komm«, sagte Balak, »ich will dich noch an eine dritte Stelle führen! Vielleicht erlaubt Gott, daß du sie mir von dort aus verfluchst.« Er nahm Bileam mit auf den Gipfel des Berges Pegor. Von dort aus kann man direkt in die Jordanebene hinunterschauen. »Baue mir hier sieben Altäre«, sagte Bileam, »und richte für jeden Altar einen Stier und einen Schafbock als Opfer her.« Balak tat es und brachte die Opfer dar. Diesmal schaute Bileam nicht nach Vorzeichen aus. Als er in die Ebene hinunterblickte, sah er das Volk Israel nach Stämmen geordnet lagern und wußte sofort, daß der Herr dieses Volk liebte und es segnen wollte. Erfüllt vom Geist Gottes, sagte er:

»Ich höre, was der Herr verkündet.
Ich sehe, was der Mächtige mir zeigt.
Ich liege da –
die Augen sind geschlossen –,
ich schaue, was Gott vorgezeichnet hat:
Wie schön sind deine Zelte, Israel!
Wie blühend sehen deine Dörfer aus!
In allen Tälern dehnen sie sich weit,
wie frisches Grün,
wie Gärten an den Bächen,
wie starke Bäume,
die der Herr gepflanzt hat,
wie Zedern an den Wasserläufen.
Die Brunnen Israels versiegen nicht,
die Saat steht reich bewässert
auf den Feldern.
Sie werden mächtiger als ihre Nachbarn,
ihr König wird selbst
König Agag schlagen.
Ihr Gott errettete sie aus Ägypten,
er streitet für sie wie ein wilder Stier.
Ein jeder, der dich segnet, Israel,
hat selber teil an diesem Segen.
Wer dich verflucht,
wird selbst vom Fluch getroffen!«

Vor Zorn ballte Balak die Fäuste und sagte zu Bileam: »Du solltest einen Fluch auf meine Feinde schleudern, der ihnen den Untergang bringt. Dazu ließ ich dich holen. Du aber hast sie gesegnet, und das schon zum drittenmal! Mach, daß du fortkommst! Scher dich nach Hause! Ich hatte dir eine reiche Belohnung versprochen. Du kannst dich beim Herrn dafür bedanken, daß sie dir jetzt entgeht!«

Bileam erwiderte: »Ich habe doch gleich zu deinen Boten gesagt: ›Auch wenn König Balak mir alles Silber und Gold gibt, das er besitzt – ich kann nur tun, was der Herr mir aufträgt. Ich verteile Fluch und Segen nicht nach meinem eigenen Willen. Ich muß sagen, was der Herr mir befiehlt.‹ Jetzt kehre ich nach Hause zurück. Aber vorher will ich dir noch ankündigen, was dein Volk von den Israeliten in der Zukunft zu erwarten hat.« Dann begann er:

»Ich höre, was der Herr verkündet.
Ich sehe, was der Mächtige mir zeigt.
Ich liege da –
die Augen sind geschlossen –,
ich schaue, was Gott vorgezeichnet hat:
Ich sehe einen, noch ist er nicht da;
ganz fern erblick ich ihn,
er kommt bestimmt!
Ein Stern geht auf
im Volk der Jakobssöhne,
ein König steigt empor in Israel.
Der König, der von Jakob abstammt,
wird über alle seine Feinde siegen.«

Als Bileam seine Weissagungen beendet hatte, machte er sich auf den Weg in seine Heimat, und auch Balak kehrte nach Hause zurück.

4.Mose/Numeri 22–24; gekürzt

»Die Brunnen Israels versiegen nicht, die Saat steht reich bewässert auf den Feldern.«
(4. Mose/Numeri 24,7)

Segen für die Feinde

Jesus sagte: »Liebt eure Feinde; tut wohl denen, die euch hassen; segnet, die euch verfluchen; bittet für die, die euch beleidigen. Und wer dich auf die eine Backe schlägt, dem biete die andere auch dar; und wer dir den Mantel nimmt, dem verweigere auch den Rock nicht. Wer dich bittet, dem gib; und wer dir das Deine nimmt, von dem fordere es nicht zurück. Und wie ihr wollt, daß euch die Leute tun sollen, so tut ihnen auch! Und wenn ihr die liebt, die euch lieben, welchen Dank habt ihr davon? Denn auch die Sünder lieben ihre Freunde. Und wenn ihr euren Wohltätern wohltut, welchen Dank habt ihr davon? Denn die Sünder tun dasselbe auch. Und wenn ihr denen leiht, von denen ihr etwas zu bekommen hofft, welchen Dank habt ihr davon? Auch die Sünder leihen den Sündern, damit sie das Gleiche bekommen. Vielmehr liebt eure Feinde; tut Gutes und leiht, wo ihr nichts dafür zu bekommen hofft. So wird euer Lohn groß sein, und ihr werdet Kinder des Allerhöchsten sein; denn er ist gütig gegen die Undankbaren und Bösen.«

Lukas 6,27–35

Ein Apostel schreibt: Seid allesamt gleichgesinnt, mitleidig, brüderlich, barmherzig, demütig. Vergeltet nicht Böses mit Bösem oder Scheltwort mit Scheltwort, sondern segnet vielmehr, weil ihr dazu berufen seid, daß ihr den Segen ererbt. Denn wer das Leben lieben und gute Tage sehen will, der hüte seine Zunge, daß sie nichts Böses rede, und seine Lippen, daß sie nicht betrügen. Er wende sich ab vom Bösen und tue Gutes; er suche Frieden und jage ihm nach.

1.Petrus 3,8–11

»Liebt eure Feinde; tut wohl denen, die euch hassen; segnet, die euch verfluchen; bittet für die, die euch beleidigen.« (Lukas 6,27–28)

Mit Unbeantwortbarem leben

Der unbegreifliche Gott
erfülle dein Leben
mit seiner Kraft,

daß du entbehren kannst,
ohne hart zu werden,

daß du leiden kannst,
ohne zu zerbrechen,

daß du Niederlagen hinnehmen kannst,
ohne dich aufzugeben,

daß du schuldig werden kannst,
ohne dich zu verachten,

daß du mit Unbeantwortbarem
leben kannst,
ohne die Hoffnung preiszugeben.

Sabine Naegeli

Leben im Segen

Ein Ort, an dem wir Segen empfangen, ist der Gottesdienst. Er schließt in der Regel mit der Erteilung des alten Segens, mit dem Aaron die Israeliten segnete. Der gottesdienstliche Segen besteht aus Wort und Handlung und bekommt dadurch sakramentalen Charakter. Er macht deutlich, daß die im Gottesdienst erlebte Gemeinschaft mit Gott weitergeht und hineinwirkt in den Alltag, in die Familie, in die Arbeit. Dieser Segen ist nicht an Bedingungen geknüpft.

Gleichwohl finden sich in der Bibel immer wieder Texte, in denen der Segen Gottes vom Gehorsam der Menschen abhängig gemacht wird. Diese Texte stammen aus einer Zeit, die geprägt war von der Auseinandersetzung mit heidnischen Fruchtbarkeitsgöttern. Für die Israeliten mußte deutlich werden, daß ihr Gott ihnen mit seinem Segen das gibt, was die Heiden von ihren Göttern erwarteten.

Der Gottesdienst im Jerusalemer Tempel war auch ein Ort, an dem um Segen gebeten wurde. Einige Psalmen sind solche Gebete. Segen ist jedoch seinem Wesen nach Zuspruch und Verheißung. Wer um Segen bittet, bringt deshalb zum Ausdruck, daß er sich dem segnenden Gott öffnet, um das zu empfangen, was ihm verheißen ist.

Segen ist aber nicht an den Gottesdienst gebunden. Er kann auch im alltäglichen Leben weitergegeben werden: Eltern dürfen ihre Kinder segnen. Jesus segnete die Kinder, die man zu ihm brachte. Er selbst wurde bereits im Mutterleib gesegnet: »....gesegnet ist die Frucht deines Leibes« (Lukas 1,42).

Gesegnete geben von ihrer Fülle an Bedürftige weiter. Im Teilen des Segens liegt neuer Segen begründet.

Segenszuspruch für die Gemeinde

Der Herr redete mit Mose und sprach: »Sage Aaron und seinen Söhnen und sprich: ›So sollt ihr sagen zu den Israeliten, wenn ihr sie segnet:

Der Herr segne dich und behüte dich;
der Herr lasse sein Angesicht leuchten
über dir und sei dir gnädig;
der Herr hebe sein Angesicht über dich
und gebe dir Frieden.

Denn ihr sollt meinen Namen auf die Israeliten legen, daß ich sie segne.‹«

4.Mose/Numeri 6,22–27

Segen – eine Folge des Gehorsams

Mose sagte zu dem Volk: »Wenn du nun der Stimme des Herrn, deines Gottes, gehorchen wirst, daß du hältst und tust alle seine Gebote, die ich dir heute gebiete, so wird dich der Herr, dein Gott, zum höchsten über alle Völker auf Erden machen, und weil du der Stimme des Herrn, deines Gottes, gehorsam gewesen bist, werden über dich kommen und dir zuteil werden alle diese Segnungen:

Gesegnet wirst du sein in der Stadt, gesegnet wirst du sein auf dem Acker. Gesegnet wird sein die Frucht deines Leibes, der Ertrag deines Ackers und die Jungtiere deines Viehs, deiner Rinder und deiner Schafe. Gesegnet wird sein dein Korb und dein Backtrog. Gesegnet wirst du sein bei deinem Eingang und gesegnet bei deinem Ausgang.

Der Herr wird gebieten dem Segen, daß er mit dir sei in dem, was du besitzt, und in allem, was du unternimmst, und wird dich segnen in dem Land, das dir der Herr, dein Gott, gegeben hat. Der Herr wird dich zum heiligen Volk für sich erheben, wie er dir geschworen hat, weil du die Gebote des Herrn, deines Gottes, hältst und in seinen Wegen wandelst. Und alle Völker auf Erden werden sehen, daß über dir der Name des Herrn genannt ist, und werden sich vor dir fürchten.

Und der Herr wird machen, daß du Überfluß an Gutem haben wirst, an Frucht deines Leibes, an Jungtieren deines Viehs, an Ertrag deines Ackers, in dem Lande, das der Herr deinen Vätern geschworen hat, dir zu geben. Und der Herr wird dir seinen guten Schatz auftun, den Himmel, daß er deinem Land Regen gebe zur rechten Zeit und daß er segne alle Werke deiner Hände. Und du wirst vielen Völkern leihen, aber von niemand borgen. Und der Herr wird dich zum Kopf machen und nicht zum Schwanz, und du wirst immer aufwärts steigen und nicht heruntersinken, weil du gehorsam bist den Geboten des Herrn, deines Gottes, die ich dir heute gebiete zu halten und zu tun, und nicht abweichst von all den Worten, die ich euch heute gebiete, weder zur Rechten noch zur Linken, und nicht andern Göttern nachwandelst, um ihnen zu dienen.«

5.Mose/Deuteronomium 28,1–14; gekürzt

»Gesegnet wirst du sein in der Stadt.«
(5.Mose/Deuteronomium 28,3)

SPIEL
PALAST

Der Herr sagt: »Werdet ihr in meinen Satzungen wandeln und meine Gebote halten und tun, so will ich euch Regen geben zur rechten Zeit, und das Land soll sein Gewächs geben und die Bäume auf dem Felde ihre Früchte bringen. Und die Dreschzeit soll reichen bis zur Weinernte, und die Weinernte soll reichen bis zur Zeit der Saat. Und ihr sollt Brot in Fülle haben und sollt sicher in eurem Lande wohnen. Ich will Frieden geben in eurem Lande, daß ihr schlafet und euch niemand aufschrecke. Ich will die wilden Tiere aus eurem Lande wegschaffen, und kein Schwert soll durch euer Land gehen.

Und ich will mich zu euch wenden und will euch fruchtbar machen und euch mehren und will meinen Bund mit euch halten. Und ihr werdet noch von dem Vorjährigen essen und, wenn das Neue kommt, das Vorjährige wegtun müssen.

Ich will meine Wohnung unter euch haben und will euch nicht verwerfen. Und ich will unter euch wandeln und will euer Gott sein, und ihr sollt mein Volk sein. Denn ich bin der Herr, euer Gott, der euch aus Ägyptenland ge- führt hat, damit ihr nicht ihre Knechte bleibt, und habe euer Joch zerbrochen und habe euch auf- recht einhergehen lassen.«

3.Mose/Levitikus 26,3–13; gekürzt

»Die Dreschzeit soll reichen bis zur Weinernte, und die Weinernte soll reichen bis zur Zeit der Saat.« (3. Mose/ Levitikus 26,5)

Gesegnet ist der Mann, der sich auf den Herrn verläßt und dessen Zuversicht der Herr ist. Der ist wie ein Baum, am Wasser gepflanzt, der seine Wurzeln zum Bach hin streckt. Denn obgleich die Hitze kommt, fürchtet er sich doch nicht, sondern seine Blätter bleiben grün; und er sorgt sich nicht, wenn ein dürres Jahr kommt, sondern bringt ohne Aufhören Früchte.

Jeremia 17,7–8

Wohl dem, der den Herrn fürchtet
und auf seinen Wegen geht!
Du wirst dich nähren von deiner Hände Arbeit;
wohl dir, du hast's gut.
Dein Weib wird sein
wie ein fruchtbarer Weinstock
drinnen in deinem Hause,
deine Kinder wie junge Ölbäume
um deinen Tisch her.
Siehe, so wird gesegnet der Mann,
der den Herrn fürchtet.
Der Herr wird dich segnen aus Zion,
daß du siehst das Glück Jerusalems
dein Leben lang
und siehst Kinder deiner Kinder.
Friede sei über Israel!

Psalm 128

*»Gesegnet ist der Mann,
der sich auf den Herrn
verläßt. Der ist wie ein
Baum, am Wasser
gepflanzt.«
(Jeremia 17,7–8)*

Bitte um Segen

Herr, der du bist vormals gnädig
gewesen deinem Lande
und hast erlöst die Gefangenen Jakobs;
der du die Missetat vormals vergeben
hast deinem Volk
und alle seine Sünde bedeckt hast;
der du vormals hast all deinen Zorn
fahren lassen
und dich abgewandt
von der Glut deines Zorns:
hilf uns, Gott, unser Heiland,
und laß ab von deiner Ungnade
über uns!
Willst du denn ewiglich über uns zürnen
und deinen Zorn walten lassen
für und für?
Willst du uns denn nicht wieder
erquicken,
daß dein Volk sich über dich
freuen kann?
Herr, erweise uns deine Gnade
und gib uns dein Heil!
Könnte ich doch hören,
was Gott der Herr redet,
daß er Frieden zusagte seinem Volk
und seinen Heiligen,
damit sie nicht in Torheit geraten.
Doch ist ja seine Hilfe nahe denen,
die ihn fürchten,
daß in unserm Lande Ehre wohne;
daß Güte und Treue einander begegnen,
Gerechtigkeit und Friede sich küssen;
daß Treue auf der Erde wachse
und Gerechtigkeit vom Himmel schaue;
daß uns auch der Herr Gutes tue,
und unser Land seine Frucht gebe;
daß Gerechtigkeit vor ihm her gehe
und seinen Schritten folge.

Psalm 85

Gott, wende uns deine Liebe zu
und segne uns,
blicke uns freundlich an!
Dann sieht man auf der ganzen Erde,
wie du uns führst,
und alle Nationen erkennen,
wie du hilfst und befreist.
Gott, die Völker sollen dir danken,
alle Völker sollen dich preisen!
Sie sollen vor Glück und Freude singen;
denn du regierst sie alle gerecht,
du lenkst alle Nationen auf der Erde.
Gott, die Völker sollen dir danken,
alle Völker sollen dich preisen!
Die Erde hat gute Ernte gebracht;
so segnet uns Gott, unser Gott!
Er segne uns,
und alle Welt soll ihn ehren!

Psalm 67

»Die Erde hat gute Ernte gebracht; so segnet uns Gott, unser Gott!« (Psalm 67,7)

Segen durch Teilen

Wenn einer deiner Brüder arm ist in irgendeiner Stadt in deinem Lande, das der Herr, dein Gott, dir geben wird, so sollst du dein Herz nicht verhärten und deine Hand nicht zuhalten gegenüber deinem armen Bruder, sondern sollst sie ihm auftun und ihm leihen, soviel er Mangel hat. Hüte dich, daß nicht in deinem Herzen ein arglistiger Gedanke aufsteige, daß du sprichst: »Es naht das siebente Jahr, das Erlaßjahr«, und daß du deinen armen Bruder nicht unfreundlich ansiehst und ihm nichts gibst; sonst wird er wider dich zu dem Herrn rufen, und bei dir wird Sünde sein. Sondern du sollst ihm geben, und dein Herz soll sich's nicht verdrießen lassen, daß du ihm gibst; denn dafür wird dich der Herr, dein Gott, segnen in allen deinen Werken und in allem, was du unternimmst.

5.Mose/Deuteronomium 15,7–10

Paulus schreibt: Von dem Dienst, der für die Heiligen geschieht, brauche ich euch nicht zu schreiben. Denn ich weiß von eurem guten Willen, den ich an euch rühme bei denen aus Mazedonien, wenn ich sage: »Achaja ist schon voriges Jahr bereit gewesen!« Und euer Beispiel hat die meisten angespornt. Ich habe aber die Brüder gesandt, damit nicht unser Rühmen über euch zunichte werde in diesem Stück, und damit ihr vorbereitet seid, wie ich von euch gesagt habe, daß nicht, wenn die aus Mazedonien mit mir kommen und euch nicht vorbereitet finden, wir, um nicht zu sagen: ihr, zuschanden werden mit dieser unsrer Zuversicht. So habe ich es nun für nötig angesehen, die Brüder zu ermahnen, daß sie voranzögen zu euch, um die von euch angekündigte Segensgabe vorher fertigzumachen, so daß sie bereitliegt als eine Gabe des Segens und nicht des Geizes.

Ich meine aber dies: Wer da kärglich sät, der wird auch kärglich ernten; und wer da sät im Segen, der wird auch ernten im Segen. Ein jeder, wie er's sich im Herzen vorgenommen hat, nicht mit Unwillen oder aus Zwang; denn einen fröhlichen Geber hat Gott lieb. Gott aber kann machen, daß alle Gnade unter euch reichlich sei, damit ihr in allen Dingen allezeit volle Genüge habt und noch reich seid zu jedem guten Werk; wie geschrieben steht: »Er hat ausgestreut und den Armen gegeben; seine Gerechtigkeit bleibt in Ewigkeit.«

Der aber Samen gibt dem Sämann und Brot zur Speise, der wird auch euch Samen geben und ihn mehren und wachsen lassen die Früchte eurer Gerechtigkeit. So werdet ihr reich sein in allen Dingen, zu geben in aller Einfalt, die durch uns wirkt Danksagung an Gott. Denn der Dienst dieser Sammlung hilft nicht allein dem Mangel der Heiligen ab, sondern wirkt auch überschwenglich darin, daß viele Gott danken. Denn für diesen treuen Dienst preisen sie Gott über eurem Gehorsam im Bekenntnis zum Evangelium Christi und über der Einfalt eurer Gemeinschaft mit ihnen und allen. Und in ihrem Gebet für euch sehnen sie sich nach euch wegen der überschwenglichen Gnade Gottes bei euch. Gott aber sei Dank für seine unaussprechliche Gabe!

2.Korinther 9,1–15

»Der aber Samen gibt dem Sämann und Brot zur Speise, der wird auch euch Samen geben und ihn mehren und wachsen lassen die Früchte eurer Gerechtigkeit.« (2.Korinther 9,10)

Segen macht reich

Der Segen des Herrn allein macht reich,
und nichts tut eigene Mühe hinzu.
Sprüche/Sprichwörter 10,22

Segen für Kinder

Der Herr denkt an uns und segnet uns;
er segnet das Haus Israel,
er segnet das Haus Aaron.
Er segnet, die den Herrn fürchten,
die Kleinen und die Großen.
Der Herr segne euch je mehr und mehr,
euch und eure Kinder!
Ihr seid die Gesegneten des Herrn,
der Himmel und Erde gemacht hat.
Psalm 115,12–15

Sie brachten Kinder zu Jesus, damit er sie anrühre. Die Jünger aber fuhren sie an. Als es aber Jesus sah, wurde er unwillig und sprach zu ihnen: »Laßt die Kinder zu mir kommen und wehret ihnen nicht; denn solchen gehört das Reich Gottes. Wahrlich, ich sage euch: Wer das Reich Gottes nicht empfängt wie ein Kind, der wird nicht hineinkommen.« Und er herzte sie und legte die Hände auf sie und segnete sie.
Markus 10,13–16

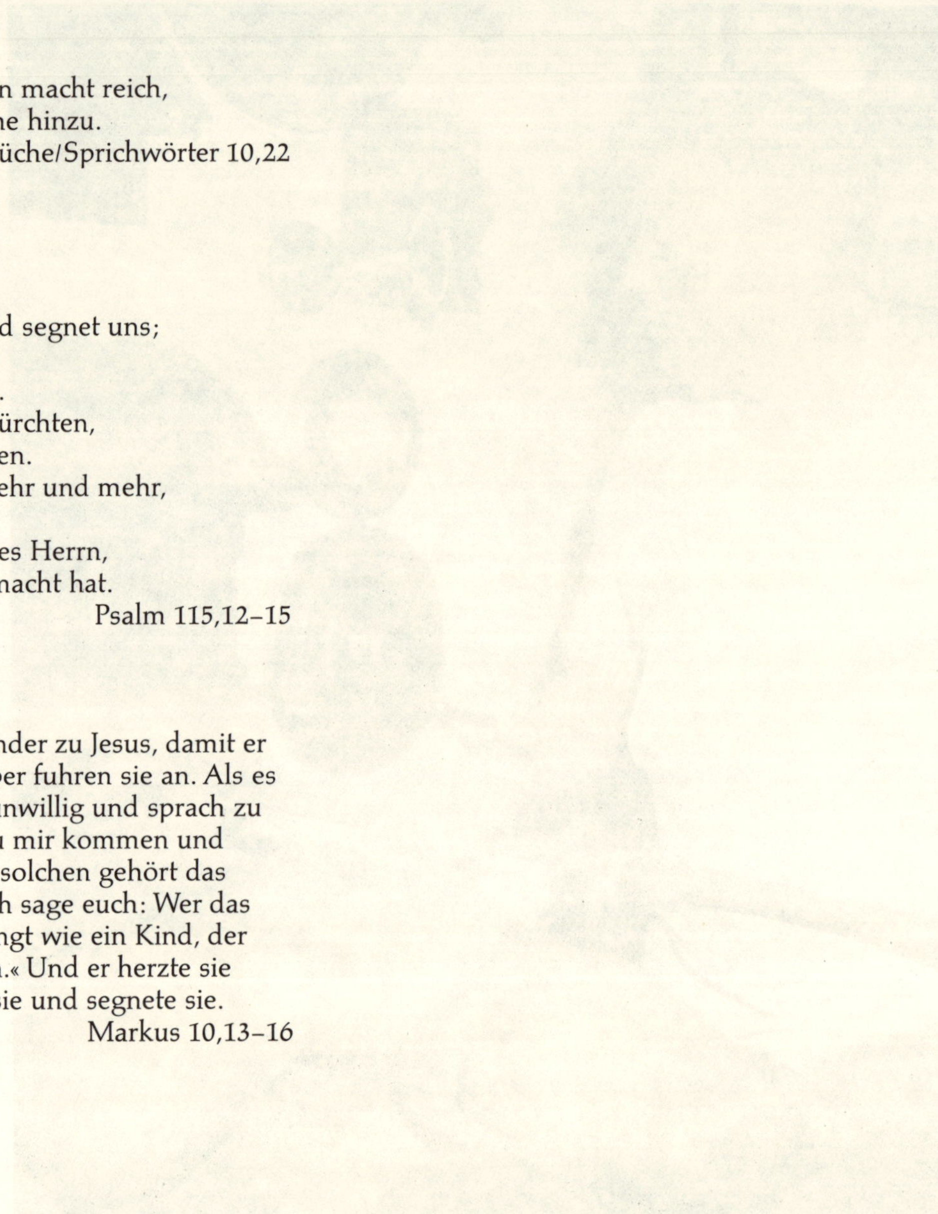

»Laßt die Kinder zu mir kommen und wehret ihnen nicht; denn solchen gehört das Reich Gottes.« (Markus 10,14)

Segenslied über ein Kind

Segne dieses Kind und hilf uns,
ihm zu helfen,
daß es sehen lernt
mit seinen eigenen Augen
das Gesicht seiner Mutter
und die Farben der Blumen
und den Schnee auf den Bergen
und das Land der Verheißung.
Segne dieses Kind und hilf uns,
ihm zu helfen,
daß es hören lernt
mit seinen eigenen Ohren
auf den Klang seines Namens,
auf die Sprache der Liebe
und das Wort der Verheißung.
Segne dieses Kind und hilf uns,
ihm zu helfen,
daß es reden lernt
mit seinen eigenen Lippen
von den Freuden und Sorgen,
von den Wundern des Lebens
und dem Wort der Verheißung.

Segne dieses Kind und hilf uns,
ihm zu helfen,
daß es greifen lernt
mit seinen eigenen Händen
nach der Hand seiner Freunde,
nach Maschinen und Plänen,
nach dem Brot und den Trauben
und dem Land der Verheißung.
Segne dieses Kind und hilf uns,
ihm zu helfen,
daß es gehen lernt
mit seinen eigenen Beinen
auf den Straßen der Erde,
auf den mühsamen Treppen,
auf den Wegen des Friedens
in das Land der Verheißung.
Segne dieses Kind und hilf uns,
ihm zu helfen,
daß es lieben lernt
mit seinem ganzen Herzen.

Lothar Zenetti

(Aus: Texte der Zuversicht, Verlag J. Pfeiffer, München)

Das gesegnete Brot – der gesegnete Kelch

Alle vier Evangelien betonen in ihren Berichten von der Speisung der Fünftausend, daß Jesus vor diesem Wunder die Brote und Fische gesegnet hat. Er tat damit das, was für die Glaubenden des Alten Testaments selbstverständlich war. Sie empfingen die Nahrungsmittel aus Gottes Hand und brachten das in ihren Segensworten zum Ausdruck. Durch den Segen reichte bei der Brotvermehrung Jesu das wenige an Nahrung zum Sattwerden für alle.

Auch beim Abendmahl hält sich Jesus an den jüdischen Brauch. Beim gemeinsamen Essen mit seinen Jüngern sprach Jesus den Tischsegen wie sonst der Hausvater. Damit wurde die Gemeinschaft der Essenden untereinander zugleich zu einer Gemeinschaft vor Gott. Darüber hinaus wird deutlich, daß das gesegnete Brot und der gesegnete Kelch wahrhaft Gaben zum Leben sind.

Das Segnen von Brot und Wein durch Jesus muß seinen Jüngern sehr eindrücklich gewesen sein. Denn gerade daran erkennen sie ihn nach Ostern.

Die Speisung der Fünftausend

Jesus zog sich mit den Aposteln allein in die Stadt zurück, die heißt Betsaida. Als die Menge das merkte, zog sie ihm nach. Und er ließ sie zu sich und sprach zu ihnen vom Reich Gottes und machte gesund, die der Heilung bedurften. Aber der Tag fing an, sich zu neigen.

Da traten die Zwölf zu ihm und sprachen: »Laß das Volk gehen, damit sie hingehen in die Dörfer und Höfe ringsum und Herberge und Essen finden; denn wir sind hier in der Wüste.« Er aber sprach zu ihnen: »Gebt ihr ihnen zu essen.« Sie sprachen: »Wir haben nicht mehr als fünf Brote und zwei Fische, es sei denn, daß wir hingehen sollen und für alle diese Leute Essen kaufen.« Denn es waren etwa fünftausend Mann. Er sprach aber zu seinen Jüngern: »Laßt sie sich setzen in Gruppen zu je fünfzig.« Und sie taten das und ließen alle sich setzen. Da nahm er die fünf Brote und zwei Fische und sah auf zum Himmel und dankte, brach sie und gab sie den Jüngern, damit sie dem Volk austeilten. Und sie aßen und wurden alle satt; und es wurde aufgesammelt, was sie an Brocken übrigließen, zwölf Körbe voll.

Lukas 9,10–17

Eine unauflösliche Gemeinschaft

Der gesegnete Kelch, den wir segnen, ist der nicht die Gemeinschaft des Blutes Christi? Das Brot, das wir brechen, ist das nicht die Gemeinschaft des Leibes Christi? Denn *ein* Brot ist's: So sind wir viele *ein* Leib, weil wir alle an *einem* Brot teilhaben.

1.Korinther 10,16–17

Das Abendmahl

Als die Stunde kam, setzte Jesus sich nieder und die Apostel mit ihm. Und er sprach zu ihnen: »Mich hat herzlich verlangt, dies Passalamm mit euch zu essen, ehe ich leide. Denn ich sage euch, daß ich es nicht mehr essen werde, bis es erfüllt wird im Reich Gottes.« Und er nahm den Kelch, dankte und sprach: »Nehmt ihn und teilt ihn unter euch; denn ich sage euch: Ich werde von nun an nicht trinken von dem Gewächs des Weinstocks, bis das Reich Gottes kommt.«

Und er nahm das Brot, dankte und brach's und gab's ihnen und sprach: »Das ist mein Leib, der für euch gegeben wird; das tut zu meinem Gedächtnis.«

Desgleichen auch den Kelch nach dem Mahl und sprach: »Dieser Kelch ist der neue Bund in meinem Blut, das für euch vergossen wird!«

Lukas 22,14–20

Als er das Brot segnete, erkannten sie ihn

Und siehe, zwei der Jünger gingen an demselben Tage in ein Dorf, das war von Jerusalem etwa zwei Wegstunden entfernt; dessen Name ist Emmaus. Und sie redeten miteinander von allen diesen Geschichten. Und es geschah, als sie so redeten und sich miteinander besprachen, da nahte sich Jesus selbst und ging mit ihnen. Aber ihre Augen wurden gehalten, daß sie ihn nicht erkannten.

Er sprach aber zu ihnen: »Was sind das für Dinge, die ihr miteinander verhandelt unterwegs?« Da blieben sie traurig stehen. Und der eine, mit Namen Kleopas, antwortete und sprach zu ihm: »Bist du der einzige unter den Fremden in Jerusalem, der nicht weiß, was in diesen Tagen dort geschehen ist?« Und er sprach zu ihnen: »Was denn?« Sie aber sprachen zu ihm: »Das mit Jesus von Nazareth, der ein Prophet war, mächtig in Taten und Worten vor Gott und allem Volk; wie ihn unsre Hohenpriester und Oberen zur Todesstrafe überantwortet und gekreuzigt haben. Wir aber hofften, er sei es, der Israel erlösen werde. Und über das alles ist heute der dritte Tag, daß dies geschehen ist. Auch haben uns erschreckt einige Frauen aus unserer Mitte, die sind früh bei dem Grab gewesen, haben seinen Leib nicht gefunden, kommen und sagen, sie haben eine Erscheinung von Engeln gesehen, die sagen, er lebe. Und einige von uns gingen hin zum Grab und fanden's so, wie die Frauen sagten; aber ihn sahen sie nicht.«

Und er sprach zu ihnen: »O ihr Toren, zu trägen Herzens, all dem zu glauben, was die Propheten geredet haben! Mußte nicht Christus dies erleiden und in seine Herrlichkeit eingehen?« Und er fing an bei Mose und allen Propheten und legte ihnen aus, was in der ganzen Schrift von ihm gesagt war. Und sie kamen nahe an das Dorf, wo sie hingingen. Und er stellte sich, als wollte er weitergehen. Und sie nötigten ihn und sprachen: »Bleibe bei uns; denn es will Abend werden, und der Tag hat sich geneigt.« Und er ging hinein, bei ihnen zu bleiben.

Und es geschah, als er mit ihnen zu Tisch saß, nahm er das Brot, dankte, brach's und gab's ihnen. Da wurden ihre Augen geöffnet, und sie erkannten ihn. Und er verschwand vor ihnen. Und sie sprachen untereinander: »Brannte nicht unser Herz in uns, als er mit uns redete auf dem Wege und uns die Schrift öffnete?« Und sie standen auf zu derselben Stunde, kehrten zurück nach Jerusalem und fanden die Elf versammelt und die bei ihnen waren; die sprachen: »Der Herr ist wahrhaftig auferstanden und Simon erschienen.« Und sie erzählten ihnen, was auf dem Wege geschehen war und wie er von ihnen erkannt wurde, als er das Brot brach.

Lukas 24,13–35

»Als Jesus mit ihnen zu Tisch saß, nahm er das Brot, dankte, brach's und gab's ihnen. Da wurden ihre Augen geöffnet, und sie erkannten ihn.« (Lukas 24,30–31)

BLEIBE BEI UNS, HERR,
denn es will Abend werden,
und der Tag hat sich geneiget.

BLEIBE BEI UNS
und bei Deiner ganzen Kirche.

BLEIBE BEI UNS
am Abend des Tages,
am Abend des Lebens,
am Abend der Welt.

BLEIBE BEI UNS
mit Deiner Gnade und Güte,
mit Deinem heiligen Wort und Sakrament,
mit Deinem Trost und Segen.

BLEIBE BEI UNS,
wenn über uns kommt
die Nacht der Trübsal und Angst,
die Nacht des Zweifels und der Anfechtung,
die Nacht des bitteren Todes.

BLEIBE BEI UNS
und bei allen Deinen Gläubigen,
in Zeit und Ewigkeit.

Amen.

(Aus: G. Chr. Dieffenbach, Evangelische Hausagende, 1853)

Segen beim Abschied

Eine besondere Situation des Segens ist der Abschied – sowohl für den Gehenden wie für den Bleibenden. Der Bleibende gibt dem Gehenden Segen mit. Er soll ihn bewahren in den drohenden Gefahren, ihm Schutz und Beistand sein in allen Nöten. Er soll den Gehenden als gute Macht begleiten. So hat Isaak seinen Sohn Jakob mit seinem Segen auf die Reise entlassen. Der blinde Tobit segnet seinen Sohn Tobias, bevor er ihn in die Fremde gehen läßt.

Nimmt ein Sterbender Abschied, ist es häufig so, daß er die Bleibenden segnet. Der sterbende Vater segnet seine Söhne (1.Mose/Genesis 49 oder 5.Mose/Deuteronomium 33). So geht die Lebenskraft weiter von Generation zu Generation.

Im Neuen Testament segnet Jesus beim Abschiednehmen seine Jünger. Er läßt ihnen etwas von seiner Kraft, von seinem Frieden zurück, so daß sie trotz des Abschieds erfüllt sind von Freude und Lobpreis.

Auch der Sterbende darf Segen empfangen und bekommt durch ihn Kraft für seinen letzten, schweren Weg.

Ein guter Engel wird unseren Sohn begleiten

Tobias ging zu seinem Vater hinein und berichtete: »Ich habe jemand gefunden, (der mich auf der Reise begleiten kann;) er ist ein Israelit!« »Ruf ihn herein«, sagte Tobit, »ich möchte wissen, ob er ein verläßlicher Begleiter für dich ist.« Tobias ging hinaus und holte den Engel.

Tobit sagte: »Mein Sohn Tobias möchte nach Medien reisen; kannst du ihn begleiten und ihm den Weg zeigen? Ich werde dich angemessen entlohnen.« Der Engel antwortete: »Ich kann ihn begleiten, ich kenne alle Wege. Ich bin oft in Medien gewesen, das ganze Land habe ich durchzogen, die Ebenen und die Berge. Ich kenne mich überall aus.« »Ich wünsche dir gute Reise und glückliche Wiederkehr«, sagte Tobit.

Weiter sagte Tobit: »Du bekommst als Lohn den üblichen Tagessatz und für Unterkunft und Verpflegung genausoviel wie mein Sohn. Wenn du ihm ein guter Begleiter bist, füge ich zum vereinbarten Lohn auch noch etwas hinzu.« Der Engel erwiderte: »Ich werde sein Begleiter sein. Sei unbesorgt, wir werden eine gute Reise haben und wohlbehalten wieder heimkehren; denn der Weg ist ungefährlich.« Tobit verabschiedete ihn mit einem Segenswunsch.

Dann rief er seinen Sohn und sagte zu ihm: »Mach alles bereit für die Reise! Und dann geh mit diesem Mann aus deinem Volk! Gott im Himmel bewahre euch unterwegs und bringe euch wohlbehalten wieder nach Hause. Sein Engel begleite euch mit seinem Schutz!«

Tobias machte sich zum Gehen bereit und küßte zum Abschied Vater und Mutter. »Gute Reise!« wiederholte der alte Tobit. Die Mutter aber brach in Tränen aus und machte ihrem Mann Vorwürfe. »Warum schickst du unseren Sohn weg?« sagte sie. »Er ist doch die Stütze unseres Alters! Ist es nicht unsere einzige Freude, wenn er bei uns aus und ein geht? Was macht es schon, wenn wir das Geld nicht wiederbekommen? Wenn wir nur unseren Sohn nicht verlieren! Gott hat uns gegeben, was wir zum Leben brauchen; damit wollen wir zufrieden sein!«

Aber Tobit antwortete ihr: »Sorge dich nicht! Unser Sohn wird gesund zurückkehren, wie er ausgezogen ist; du wirst es mit deinen eigenen Augen sehen. Sei nicht bekümmert und mach dir keine Sorgen um die beiden, liebe Frau! Ein guter Engel wird unseren Sohn begleiten; er wird eine glückliche Reise haben und wohlbehalten heimkehren.« Da hörte seine Mutter auf zu weinen.

Tobit 5,9–23; gekürzt

»Ein guter Engel wird unseren Sohn begleiten; er wird eine glückliche Reise haben und wohlbehalten heimkehren.« (Tobit 5,22)

Er wird deinen Fuß nicht gleiten lassen

Ich hebe meine Augen auf
zu den Bergen.
Woher kommt mir Hilfe?
Meine Hilfe kommt vom Herrn,
der Himmel und Erde gemacht hat.
Er wird deinen Fuß nicht gleiten lassen,
und der dich behütet, schläft nicht.
Siehe, der Hüter Israels
schläft und schlummert nicht.
Der Herr behütet dich;
der Herr ist dein Schatten
über deiner rechten Hand,
daß dich des Tages die Sonne nicht steche
noch der Mond des Nachts.
Der Herr behüte dich vor allem Übel,
er behüte deine Seele.
Der Herr behüte deinen Ausgang
und Eingang
von nun an bis in Ewigkeit!

Psalm 121

Der Herr sei vor dir,
um dir den rechten Weg zu zeigen.
Der Herr sei neben dir,
um dich in die Arme zu schließen
und dich zu schützen.
Der Herr sei hinter dir,
um dich zu bewahren
vor der Heimtücke böser Menschen.
Der Herr sei unter dir,
um dich aufzufangen, wenn du fällst,
um dich aus der Schlinge zu ziehen.
Der Herr sei in dir,
um dich zu trösten,
wenn du traurig bist.
Der Herr sei um dich herum,
um dich zu verteidigen,
wenn andere über dich herfallen.
Der Herr sei über dir,
um dich zu segnen.
So segne dich der gütige Gott.

Sèdulius Caelius (425–450)

Jesus nimmt Abschied

Jesus führte seine Jünger hinaus bis nach Betanien und hob die Hände auf und segnete sie. Und es geschah, als er sie segnete, schied er von ihnen und fuhr auf gen Himmel. Sie aber beteten ihn an und kehrten zurück nach Jerusalem mit großer Freude und waren allezeit im Tempel und priesen Gott.

Lukas 24,50–53

Segen für Kranke und Sterbende

Leidet jemand unter euch, der bete; ist jemand guten Mutes, der singe Psalmen. Ist jemand unter euch krank, der rufe zu sich die Ältesten der Gemeinde, daß sie über ihm beten und ihn salben mit Öl in dem Namen des Herrn. Und das Gebet des Glaubens wird dem Kranken helfen, und der Herr wird ihn aufrichten; und wenn er Sünden getan hat, wird ihm vergeben werden. Bekennt also einander eure Sünden und betet füreinander, daß ihr gesund werdet. Des Gerechten Gebet vermag viel, wenn es ernstlich ist.

Jakobus 5,13–16

Es segne dich Gott, der Vater, der dich nach seinem Ebenbild geschaffen hat. Es segne dich Gott, der Sohn, der dich durch sein Leiden und Sterben erlöst hat. Es segne dich Gott, der Heilige Geist, der dich zu seinem Eigentum bereitet und geheiligt hat. Der treue und barmherzige Gott wolle dich durch seine Engel geleiten in das Reich, da die Seinen ihn ewiglich preisen. Unser Herr Christus sei in dir, daß er dich beschütze. Der Heilige Geist sei mit dir, daß er dich erquicke. Der dreieinige Gott (hier mache man über dem Sterbenden mit der Hand das Zeichen des Kreuzes) sei dir gnädig und segne dich zum ewigen Leben. Amen.

*(Aus: Laß uns gemeinsam gehen.
Ein Wegbegleiter an den Grenzen unseres Lebens.
Hrsg.: Westfälische Diakonissenanstalt Sarepta.
Kreuz Verlag, Stuttgart, 1980)*